현허동천기 鉉許洞天記

김용현 잠언시조집

현허동천기 鉉許洞天記

2011년 6월 26일(陰) 초판 1쇄 발행

지은이 김용현
펴낸이 윤영진
편 집 함순례
디자인 함광일 이경훈
홍 보 한천규
펴낸곳 도서출판 심지
등록 제 253호
주소 300-170 대전광역시 동구 삼성동 125-2 4층
전화 042 635 9942
팩스 042 635 9941
전자우편 simji42@hanmail.net

ⓒ김용현 2011
ISBN 978-89-6627-011-8 03810

* 저자와의 협의에 의해 인지를 생략합니다

현허동천기 鉉許洞天記

김용현 잠언시조집

□ **프롤로그**

선경仙境

어딘가요?
현허동천鉉諝洞天
소가는 땀 진 농부
비단가람 외길 밟다 쇠 뜰 말 심우정尋牛亭에
저녁놀
저리 타 까니
젓대소리 닉겠구려!!

차례

프롤로그 005

1. 탄강誕降 014
2. 감사感謝 015
3. 삶 016
4. 일상日常 017
5. 육신 018
6. 꿈 019
7. 진실 020
8. 배움 021
9. 반성 022
10. 배고픔 023
11. 인연 024
12. 주위周圍 026
13. 환경 027
14. 업 028
15. 죄업 029

16. 권력　030
17. 모진 말　031
18. 성화　032
19. 아집　033
20. 탐욕　034
21. 교만　035
22. 인색吝嗇　036
23. 시기猜忌　037
24. 무시無視　038
25. 태만怠慢　039
26. 절도　040
27. 슬픔　041
28. 이간질　042
29. 비방誹謗　043
30. 분노　044
31. 죄罪　045
32. 비행非行　046
33. 거짓　047
34. 위선僞善　048
35. 병病　049
36. 시련試鍊　050
37. 집착執着　051
38. 편집偏執　052

39. 소음騷音　053
40. 오청誤聽　054
41. 오취誤臭　055
42. 다언多言　056
43. 묵언默言　057
44. 오염汚染　058
45. 악연惡緣　059
46. 증오憎惡　060
47. 선악善惡　061
48. 판단　062
49. 이해理解　063
50. 방황　064
51. 후회　065
52. 남루襤樓　066
53. 허무　067
54. 고독　068
55. 슬픔　069
56. 호오好惡　070
57. 순환　071
58. 무소유　072
59. 평화　073
60. 재앙　074
61. 비리非理　075

62. 오탁汚濁　076
63. 범죄　077
64. 질서　078
65. 법　079
66. 사회성　080
67. 고생　081
68. 순응　082
69. 최선　083
70. 형상　084
71. 아름다움　085
72. 시원　086
73. 흔적　087
74. 다정多情　088
75. 문명이기　089
76. 교통사고　090
77. 원망怨望　091
78. 언론　092
79. 지식　093
80. 독해　094
81. 욕심　095
82. 미움　096
83. 절망　097
84. 성화成火　098

85. 탐욕　099
86. 전쟁　100
87. 살殺　101
88. 오해　102
89. 교만　103
90. 원망　104
91. 시기　105
92. 정직　106
93. 실패　107
94. 절대　108
95. 인내　109
96. 겸손　110
97. 진리　111
98. 빈손　112
99. 기원祈願　113
100. 참회　114
101. 저승길　115
102. 사유思惟　116
103. 망각忘却　117
104. 포기　118
105. 농담　119
106. 노老　120
107. 안정　121

108. 죽음　122
109. 황홀　123
110. 득음得音　124
111. 태도　125
112. 시인詩人　126
113. 영겁永劫　127
114. 원시遠視　128
115. 스승　129
116. 정각正覺　130
117. 반본귀진返本歸眞　131
118. 대인大人　132
119. 회향回向　133
120. 수행修行　134
121. 신비　135
에필로그　尋牛亭記 - 仙境을 노닐며　136

현허동천기 鉉許洞天記

현허동천기 鉉許洞天記는 사람이 태어나 다음 생을 향해 가는 과정에서 부딪히는 여러 난제들을 지혜롭고 슬기롭게 풀어가는 한 땀 한 땀을 시조형식으로 표현했다.

1. 탄강誕降

어디서 왔다가 어디로 가는 건가?
머나먼 별
예정대로 이 지구 왔다마는
태초의
울음소리는
앞으로 삶 그 자체?

2. 감사感謝

시작이 없을진대 끝은 또 어디렌가?
희미한 실낱 고리
이것도 인연일레
이 생명
이어 준 은혜
한없이 감사하리

3. 삶

산다는 것
그 자체가 고해에서 헤매는 것
허상만 쫓아 가다 그마저 신기루니
현상은
자체 아닌 것
반본귀진 하여야

4. 일상日常

사람마다 태어날 때 신神께 받은 달란트

어떤 사람 큰 달란트

어떤 이 작은 달란트

그보다

잘 살면 칭찬

적으면 큰 꾸지람

5. 육신

허구한 날 TV 앞에

그것도 쇼파에 누워

혼자서 끙끙대도 도와주지 않네요.

죽으면

썩어질 육체

그리 아껴 뭣 하나?

6. 꿈

훼멸될 생명여도

반본귀진 하라고

하늘 같은 자비로 이 층 세상 왔는데도

아직도

못 깨우치고

못된 짓만 하는가?

7. 진실

청정한 마음 밭을 번거롭게 하는지고
더구나 괴롭히고
본심마저 더럽히고…
온 마음
어지럽혀서
무엇하려 하는고?

8. 배움

참 나는 누구인가

그 나 또 반영反影인가

이것을 알 때까지 배우고 깨칠진대

무소유

이 하나만은

지금도 알겠네요!!

9. 반성

이 세상 모든 가치
내 있어야 필요한 것
마파람 휘몰아치는 이승의 길목에서
한 걸음
비켜선 다음
나 다시 음미하네.

10. 배고픔

추위도 아니 되고

더워도 또 안 되고

아파도 아니 되고 피곤해도 안 되고…

더구나

속 비었을 땐

세상 다 노랗데다.

11. 인연

이별
슬플지라도 인연은 맺어야지
그 인연
운명이면 선연이 되어야 해
사랑이
영원한 것은
층차제고* 관계있지

* 인류 시원에 관한 창조론이나 진화론과는 다른 파장설 또는 계층론에 의하면, 현 인류는 천국과 같은 고위층 세계에서 살다가 죄를 지어 여든 한 번째로 지금의 이 지구로 떨어졌는데, 이 '층차제고'는 이 고해의 바다에서 수양하

여 위층 세계로 올라가는 것을 일컫는바, 현세에서 잘 수행하여 그 위층 세상으로, 그 위층 세상에서 그 위층 세상으로 올라가다가 맨 마지막에는 최초의 원래 본 모습으로 돌아가야 하는데 이것을 반본귀진(返本歸眞)이라고 한다.

12. 주위周圍

하고많은 세상사 시달리고 부대끼면
과연 난 누구인지?
왜 이리 사는 건지
참다운
얼을 찾아서
헤매고 또 헤매고…

13. 환경

나는 또 누구인가?

도대체 왜 사는가?

무슨 보람 이뤄져 사람으로 사는 건가?

참 삶을

찾아가는 중

소슬한 가을바람

14. 업

모든 생 내 안 안고
제업 소진하는 중
즈믄 생명 평존 위해 오장공법 수행한다.
삶의 장
살림하는데
불어오는 하늬바람

15. 죄업

이 풀
입맛에 맞아 낼름 먹어 치우고
저 짐승
사람에 좋다 마구 잡아먹더니
구제역
사람에 나빠
생매장 살처분을…

16. 권력

큰 힘 있더라도 삼가야 할 것을…
쥐뿔도 없는 놈이
떵떵
큰소리치며
쥐꼬리
작은 권력을
도치마냥 휘두르네.

17. 모진 말

모진 말 한 마디에 바위도 깨치는 것
아무리 밉더라도 그리 해선 안 되지
가급적
사람이라면
욕과 말을 골라 써야…

18. 성화

제 맘대로 하겠다고
짜증내고
화내고
내 뜻대로 안 된다고 제 운명를 욕하고
골내고
성화 부려도
제 잘못이 더 큰 것을…

19. 아집

속세에 찌든 마음
병인양 도지는가?
초야에 묻히래도 벗어나지 못한 나
사부님
홀홀 털라고
가르침 주셨는데…

20. 탐욕

이것은 내 것이고
저것도 내 것이라
창고엔 금은보화 산처럼 넘쳐 나도
남의 것
더 못 가져서
안달 떠는 저 삼시랑!!

21. 교만

사람이란 모름지기 멋진 향을 피워야
악취
만연한 사람
그런 이도 좋다네
에라 이
못된 놈들아
제발
정신 차리그라!

22. 인색吝嗇

창고에 재물이 그득
더 채우려 안달하고
개기름 번지르르
인간이면 그럼 못 써
죽을 땐
못 가져가니
가진 것 베풀어야

23. 시기猜忌

저 사람 상을 받고
못했어도 칭찬 받고
남이 잘 되면 나보다 좋은 건데
저 사람
속 좁게시리
마냥 남 시기하네.

24. 무시無視

내가 좀 안답시고
모른 사람 무시하고
난 좀 할 수 있다고 못한 남 비하한다.
사람은
모두가 평등
영역만 다를 뿐…

25. 태만怠慢

아침 새
일찍 일어나야 통통한 벌레 잡고
이왕 일 미리 해야 시간 더 얻는 법
죽으면
썩어질 육체
게으르진 말아야…

26. 절도

먹을 만큼 훔쳐도
그만큼 죄일진대
내 없다고 남 재물 함부로 가져가네!
가장 큰
절도는 아마
지 마음 빼가는 것

27. 슬픔

내동
잘하던 것
앞으론 할 수 없는 것
이 못내 아쉬워도 세상의 정한 이치
이마저
못 깨우치고
의미 없이 가는 것

28. 이간질

여기선 이 말 하고

되돌면 저 말 하고…

교언영색巧言令色 더런 얼굴 비굴하고 천박하네!

한 번에

모든 사람 다

사랑할 수 없는 법

29. 비방誹謗

귀는 꽉 막혀 있고
눈에도 거슬리고
그 하는 짓들마다 마음에 안 드는데
양약은
입에는 쓴 것
남께 좋은 말 하게나

30. 분노

세상에 이럴 수가

이런 나쁜 놈 있나?

분 아직 안 풀리니 바위도 다 깨져라

아무리

열불 화내도

지 영혼만 타는 것

31. 죄罪

사람으로 태어난 게 죄 짓고 왔다던가?
누구는 아니래도
선각자의 자비인걸
그래요
사람은 원래
높은 데서 살았다오.

32. 비행非行

이 어찌 잊힐레야
그래도 맘일진대
세상사 모든 것들 담담하게 보는 것
무서운
생각 말 행동
미룰 순 없잖은가?

33. 거짓

이 이에겐 거짓말
저 사람
저래 속이고
나중에 들통 나면 어찌하려 하는고?
아무리
내게 좋아도
지켜야 할 건 있는 법

34. 위선僞善

능력 없이 잘난 체
비굴한 행태에다
한 평생 사기치고 남 속여 사는구나.
쥐뿔도
없나 보던데
얼굴만은 헤헤헤…

35. 병病

아내가 끙끙댄다.
잠을 못 이룬다.
낮에 열심히 하면 안 아프다 말했지만
사람은
나이가 들면
아프기 마련인 것

36. 시련試鍊

세상살인 힘겨운 것
신神 만들어 믿으면서
이 신앙信仰 절대라며 마구 떠벌리는데
바다에
돌 잠긴 듯이
기도는 덧없다네.

37. 집착執着

이것은 아니라고
땅크처럼 우겨도
한 걸음 벗어나면 그를 수도 있는 것
지나친
집착이라면
결국 얻지 못하지

38. 편집偏執

이승

이전에는 천목天目도 있었는데

두 눈으로 본 것만 사실이라 우기며

꾀죄한

사고방식으로

고집한 건 아닌지

39. 소음騷音

이놈은 아는 체하고
저놈도 덖음이라
말이면 다 말인지 지껄이고 쳐받는데
그것은
소음이지요.
우주이치 아니리!!

40. 오청誤聽

내 그리 들었으니 틀림없다고요?
청 여린 우리 귀는 딴 소리 들린다오.
귀 여민
바람소리를
말이라 고집하오?

41. 오취誤臭

코끝

간질이는 기분 좋은 향기 여울

바람결에 풍겨 온 꽃내음이라 해도

그 냄새

똑 알고 보면

화학물질 합성체?

42. 다언多言

말 한 마디 천 냥 빚도
딴 말마디 살인 비수
말 한 번 쏟은 뒤엔 되담을 수 없는 것
실없는
말 안하는 것
번뇌를 줄이는 것

43. 묵언默言

그것

말해서 뭐해

세상은 자연대로

각자는 제 생각 있고 판단 다 다른데

굳이 말 안해도 되는데

쓸데없이 뭘 하려고?

44. 오염汚染

나
깨끗하고
마음 청정하려 눈 감아도
숨 쉬어야 사는 이치리니
공기 오염
저리도
더러운 세상
벗어도 아니 되네.

45. 악연惡緣

저 사람

왜 만나나?

이 일은 없어도 돼

줄곧

도망쳐도 내 안에 박힌 못들

아무리

뽑아버려도

다가오는 악연들

46. 증오憎惡

어째

하는 짓마다

저리도 고까울꼬?

저 사람 차라리 이 세상 안 왔더면…

아무리

남 미워해도

제 자신만 더 매운 것

47. 선악善惡

이 세상 모든 만물

존재이유 있을진대

겉모습 성상만이 이 눈에 띄는구나

그마저

내 기준대로

선과 악 가르나니

48. 판단

여러 자 있어도 들쑥날쑥 다 다르지
여기선 이것 맞고
저기선 저것 맞지
내 자로
남을 재는 건
극위極危한 일 일러니

49. 이해理解

한 끝도

좋게 안 보고

싸우려고만 하느냐?

말 한 마디 곱게 안하고 고함만 치는가?

모든 것

부드러워야

좋은 상대 만나지

50. 방황

갈 곳은 어디이고
어떻게 갈 것인가?
간다고 막상해도 누구에게 길을 묻누?
마파람
팍 치는 인생
방향 몰라 하느니

51. 후회

왜 그랬던가?
달리 할 수도 있었는데…
더 많이 생각하고 조금 더디 했더라면
뒤늦게
후회해 봐도
때 잃은 일인 것을…

52. 남루襤樓

뙤약볕
내리쬐는 아스팔트 고랑 근처
비탈진 언덕마루
앉은 사람 허름하다.
타이야
깔판 위에서
구걸하는 눈 먼 이

53. 허무

이승

살기 위해선 먹어야 하는 게고

먹기 위해서는

뼈빠지게 일해야 해

머리가

다 빠지도록

열심히 살았건만…

54. 고독

더불어 살아야
사는 것 같다고요?
고독은 씹어야 맛이 난다고요? 그래요
원래도
혼자 왔던 것
아득한 저 먼 별에서

55. 슬픔

아버님 작고하시면
하늘 무너진 슬픔
어머님 돌아가시면 땅 꺼진 애처로움
애통사
눈물 말라도
다 못한 슬픔 마당

56. 호오好惡

삶이 고해苦海래도 돌아서면 뭍인 것을

여든 한 번 퇴락 중

마지막 자락에서

진선인眞善忍

마음 보듬어

새 삶을 수련해야⋯

57. 순환

떨어지고 떨어져서
이 층차 왔는데도
깊은 참회 못하고 죄 짓는 인간이라
사이클
우주의 법칙
비단가람 물결처럼…

58. 무소유

버려라

내던져라

그 뒤론 생각마라

몸 마음 모두 잊고 표표하게 살지라

어차피

혼자 왔다가

빈손으로 가는 것

59. 평화

양털구름
산마루를 하염없이 흘러가고
강물은 빛 쪼개며 아득히 떠나는데
청보리
바람꽃 이는 들
오월의 평화인걸

60. 재앙

인간 능력 유한한데
예상 못한 천재지변
깊이 살펴보면 사람 탓이 분명하지
애라 이
못된 인간아
바르게 좀 살그라.

61. 비리非理

소통이 정상이면 언 누가 뭐라 하나?
원하는 놈 주는 놈
뇌물 수수 모자라
향응에
성상납까지
짭새 온통 구린내

62. 오탁汚濁

사람은 만물의 영장?
흥!!
누가 그럽디까?
사자도 먹을 것만 잡고 집 없이도 사는데
영악한
인간쓰레기
또 세상을 더럽혀

63. 범죄

고조선 팔조금법

상자이상 살자이살傷者以傷 殺自以殺

하무라비 성문법전*

화형 수형 능지처참

아무리

엄히 벌해도

범죄는 꼭 있는 것

* 하무라비법전은 세계 최초의 성문법전으로 바빌론의 왕 함무라비(1792BC-1750BC)가 BC 14세기에 집성시킨 법전인바, 이 법전은 전문 282조로 민법 · 형법 · 상법 · 소송법 등을 포함하고 있으며, 복수형벌과 형벌의 신분적 차별 등의 특징을 가지고 있다.

64. 질서

사람이 이 세상에 살려거든 마땅히
해가 되도
약속한 건 반드시 지켜야지
그 질서
안 지키려든
혼자 산에 살거나

65. 법

물의 본질을 보고
행위의 주파수
아무리 칼이라 하나
거긴 눈물 있나니
자연의
본질을 아는
이것이 법이리니…

66. 사회성

어떤 이는
제 잘난 맛에 거침없이 사는데
그렇게 잘났거든
혼자
산에 가 사시오
힘없는
개미 · 토끼에
눈 부라리지 말고

67. 고생

언 손가락 호호 불며
구두닦이 하다가
신문 좀 사 주세요!!
신문팔이 춥던 시절
지금은
살만하지요
그 시절 자산지석 自山之石

68. 순응

흐르면 흐르는 대로
하염없이 바라보고
바람 불면 부는 대로 흔들리는 갈대처럼
거치른
삶의 몸부림
세월가면 그것인저

69. 최선

남 잠잘 때 안 자고
쉴 때도 일을 하고
도랑 치고 가재 잡고 마당 쓸고 돈 줍고
주어진
인생살이 모두
열심히 살아야 해

70. 형상

어쩌면 미남이고 무엇이 추녀인가
한 어느 날 절대자가
흙덩이로 사람 질 때
잘 쌓고
잘못 쌓고는
조물주 맘인 것을…

71. 아름다움

누구는 꽃과 여자
아름답다 시를 쓰고
어떤 이
정신 웃음 더 더욱 곱다 해도
원신元神만
혼자 가는 것
마음 닦음 최고이지

72. 시원

바람

시원하다

공기도 상큼하다

들 산

꽃들이 피고

풀벌레 울음 고우니

그 풍광

아름다우리!

구름 속 뜬 심우정尋牛亭*

* 심우정(尋牛亭)은 충북 옥천군 청성면 합금리에 있는 필자의 멀티 해비태이션 마당가에 지은 전통양식의 정자로써 앞에는 굽이치는 금강이 흐르고, 뒤에는 둥그레봉이 있어 배산임수의 절경지에 있다(에필로그 참조).

73. 흔적

모름지기
사람이란 큰 자취 남겨야 해
누군 이름 남기고
명예 지위 추구해도
금석에
새긴 이름들
이마저 희미하지

74. 다정多情

버려야지

잊어야지

마음 속 되뇌면서

인생사 모롱이서 끊지 못한 인연들

모든 정

버리려 해도

못 버리는 이 맘사

75. 문명이기

텔레비전 바보상자
자동차 살인병기
본래 뜻
한껏 물러선 문명이기 땜에
바람들
지나는 골로
내 진즉 떠났다네!!

76. 교통사고

오른 무릎 꺽정이
얼굴도 엉망진창
정신은 눈 온 벌판
옛 기억 아득한데
덤으로
사는 삶이라
더 바램은 없다네.

77. 원망怨望

하는 일
잘 되면 나 잘난 때문이고
결과 안 좋으면 조상 탓하는 거래
있어진
세상 모든 것
자기할 나름인데…

78. 언론

누군

신문 없는 곳에선 못 산다 했었는데

요즈음 언론들은 편파에서 헤엄친다.

제 할 일

잊어버리고

속 못 차리는 매체들

79. 지식

쬐끄만 앎일진대 목에 힘 크게 준다.

알면 얼마나 아노?

쥐뿔도 모르면서…

우물 안

개구리인걸

더 큰 세상 알겠나?

80. 독해

호오를 판단할 땐
한 다름 위나 아래
또는 한 걸음 앞에나 한 발짝 옆에서
호오好惡나
정부正否 없을진대
제 자리서만 가름하나?

81. 욕심

이것은 내 것이야

그 일

꼭 이뤄야 해

짧으나짧은 인생 모두 다 이루려고?

버리면

그만인 것을

칠정육욕七情六欲 돌개바람

82. 미움

마음을 추스르고
아무리 이해해도
마음속
한 구석에 바람처럼 이는 미움
다정도
얄미운 사랑
쓸쓸한 마음바다

83. 절망

시련

극복 위해 있는 것

편한 삶 기대 마라

속인사회俗人社會 염려할 건 대홍류大洪流와 염색독*

이 모두

일어나더라도

내 정신 똑 채려야

* 불가에서 대홍류는 종말로 치닫는 부정적 의미의 속세 사회 흐름을 지칭하고, 염색독은 이에 물들어진 인간세상의 온갖 독소를 일컫는다.

84. 성화成火

그것

또 못 참고 불같이 화를 내네

때로는 잘못이고

때론 고함치는데…

조금만

참았더라면

아무 일 없었을 걸…

85. 탐욕

맹수도 먹을 것만
재미론 안 잡는데
인간은 못 돼 먹어 재미로 전쟁하지
땅뺏기
가진 자 놀음
생명 마구 훼손하네.

86. 전쟁

무슨 일 있더라도
저것만은 내 꺼 해야
지고지순 생명마저 국경보단 못할진대
땅 뺏기
공기놀이가
우주전宇宙戰엔 유효할까?

87. 살殺

사람을
살해하면 5년 이상 징역형*
함부로 죽여도
우주 사이클 깨는 것
더 큰 건
업보 만들어
말세에 갚아야 할 죄

* 형법 제250조 제1항은 사람을 살해한 자는 사형, 무기 또는 5년 이상의 징역에 처한다고 규정하고 있다.

88. 오해

아니 또 저 인간
천둥 욕설 대단하다!!
아무거나 들이대면 그 대답 맞는 거야?
찬찬히
알려도 않고
큰 소리만 치는가?

89. 교만

난
모르는 것 없고
하는 일 모두 맞지
거기다 똑똑하고 남보다 더 잘났지
아무리
제 맛에 살아도
수양 덜 된 인간이리…

90. 원망

잘못 되면 조상 탓 아니면 운명 탓

모두가 남 탓으로

원망 참 깊다가도

잘 되면

내 능력 이래

헛소리들 하고 있네

91. 시기

저 사람 하는 일마다
왜 저리 잘 되는고?
나박쑥 축대 아래 수북하게 자랐는데
제업除業은
제 행로 따라
자기의 몫이리니

92. 정직

선의의 거짓말은 할 수 있다지만
정의는 곧음으로
사람은 똑 발라야
다음 생
바람직한 삶
정직 그 자체여야

93. 실패

미리 예상 잘했고

계획

잘 세웠다고

입술 부르트도록 고민하고 걱정해도

사람 삶

실패 많은 법

뿌린 대로 거두리니

94. 절대

어딘가에 점點 찍어
정지해 있다 해도
그 점 찍은 행성도 움직일 터일려니
우주 안
모든 사물이
시시각각 움직이지

95. 인내

신통가지법

양팔

아프기만 한데

가부좌 오래하면 고통 더욱 파도친다.

호랑이

어흥 물려가도

제 정신은 차려야

96. 겸손

사람은 평등하고
나보다 다 똑똑해
날 내세우기보단 예의범절 지켜야
나 낮춘
바람직한 삶
세상살이 평화로워

97. 진리

이 종교 이 길로 정상가는 게 맞다 하고
저 종교
오르기는 저 길 좋다 하네!
어차피
진리는 하나
산꼭대기 같은 것을…

98. 빈 손

네 것이 아닐진대 내꺼라니 웬말이요?
아무리 많이 뫄도
갈 때는 빈손으로
이 세상
살고 있을 때
남 돕는 일 힘써 하소

99. 기원祈願

바람결
올 골라서 고운 잎 씻은 뒤에
한껏 벌려 내민 팔
달빛을 안는 중
이래도
안 이뤄지랴?
하늘 향한 슬픈 염원

100. 참회

청춘시절 그리도 거침없이 살다가
이제사 나이 들어 뼈 속 아려 참회하네
공덕 늘 베풀었으면
이리 후회 안할 것을…

101. 저승길

고개 돌려 다시 봐도 고생 짙은 삶이었지
처절하게 살았는데 후회해서 무삼 일
저 영혼
고개 숙이고
터덜터덜 걷고 있네

102. 사유思惟

이게 맞나

저게 맞나

땅 꺼지게 한숨 쉬고

생각하는 게 모두가 마음자리 일진대

참 삶은

자기 일일뿐

세사일체 유심조라

103. 망각忘却

잊는다고 잊힐리야?
안 본다고 없을까만
고운 정 가슴에 품고 미운 맘 잊어야 해
망각 곧
슬플지라도
이제는 잊어야지

104. 포기

못난 두꺼비
하늘의 거위고기 잡수시겠다고?
못 오를 나무는 쳐다보지도 말아야
평생을
포기했어도
되살아나는 잡념들

105. 농담

은하수 농원에는 귀한 화목 많다던데
전기톱
팔 톤 트럭 몇 대 가져오라고
봄바람
부는 언덕에
크게 웃은 농담 판

106. 노老

호랑이

때려잡던 청춘

용龍타고 날던 과거

세월 가고 나이 들면 몸 가누기 어려운 것

아서라!!

열심히 살아

젊었을 때 이루어야

107. 안정

바위인 양

세파에 흔들리지 아니 하고

좌정 또는 관조함

그리고 담담하게

모든 것

버렸다 해도

무념무상 어렵도다.

108. 죽음

마치

숨 끊어지면 끝인 줄 아는데

그 사람 생전 수양

그대로 나타나서

고층차

반본귀진返本歸眞*은

지은 공功 대가라네.

* 반본귀진에 관해서는 이 잠언시조집 「인연」부분 참조

109. 황홀

부족한 것 없애고
없던 것
생각 않고
있는 것에 만족하고 욕심마저 줄인 뒤
아무 것
안 가진다면
그것이 진짜 황홀

110. 득음得音

참 소릴 찾았으면…
천상의 신神의 소리
음 얻기 어려워도 그 기준 수양이라
젓대*로
요천순일지곡*
지극한 자연 소리

---

* 젓대는 횡저(橫笛)라는 의미로 대금(大笒)의 순우리말이다. 대금에는 정악대금과 산조대금이 있으며, 요천순일지곡(堯天舜日之曲)은 일명 청성곡(淸聲曲)이라고도 하며, 정악대금의 대표적인 악곡이다.

111. 태도

가진 대로 먹고
있는 대로 만족하고
걸친 것 허름해도 더 바라지 않고
있는 것
있는 그대로
만족하고 사는 것

112. 시인詩人

세상

존재하는 것은 자기가 있기 때문

모든 게 내 탓이고

온 근심 한숨 쉬고

시인詩人은

자기의 수양

또는 글로 쓰는 것

113. 영겁永劫

시방十方
사십 리 바위
천년 한 번 학鶴 날아와
그 학 발자취에
바위 다 닳아 없어지는…
영겁의
긴 세월이래도
다 못한 이야기들

114. 원시遠視

똬리 트는 인생길 갈수록 꽉 막히고…
멀리서도 뜨건 열기
빙빙 도는 허깨비 춤
숨차게
세월 붙잡고
그 홀로 극락인저

115. 스승

백천 세 아우르는

고담준론

밝은이론

그땐 천동설 외쳐도 지금은 아닐진대

자연이

큰 스승인 걸

산들바람 불고 있다.

116. 정각正覺

지금까지 석학들의 많은 이론 배웠고
이 사람 저 사람
많은 설說 들었는데…
참 지식
무엇인가를
지금도 모르겠네

117. 반본귀진返本歸眞

떨어지고 떨어져 여기까지 왔는데도
세상사 물질이익에 아옹다옹 집착하네!
바르고
착하게 살며
참으면서 오르리

  * 반본귀진(返本歸眞)에 관해서는 이 시조집 「인연」부분
  참조

118. 대인大人

식물은 큰 나무 아래 작은 나무 죽지만
사람은 대인 밑에 소인이 덕 보는 법
이승의
모든 인연들
아름답게 꾸리리

119. 회향回向

그 길 아니어도 바른 길은 많은 법
잘못 됐다 느끼면
바로 돌아와야 해
진선인眞善忍
가는 길목에
시간이 부족한 걸…

120. 수행修行

올바르고 착하고 나누고 베풀고
끊어야지 버려야지
잊어야지
참아야지
힘 줬다
빼고 천천히
부드럽게 둥글고 넓게

121. 신비

영롱한 광채 속
휘광도 찬란하다
신비스런 제인에 온몸이 짜르르르
이 연공
단전 마당에
원영과 함께 수행

_에필로그

尋牛亭記 - 仙境을 노닐며

까욱 까욱 까마귀가 울고 있다.

그동안 까치들 등쌀에 기를 못 펴더니, 전봇대 위에 있던 까치집을 없앤 뒤 까치들이 뜸해지자 까마귀들이 세상을 만났나 보다.

까마귀(Carrion Crow)[1]는 우리나라 전역에 사는 텃새로, 평야·산지·농경지·하천 또는 시가지 등에서 살며,

---

[1] 까마귀(Carrion Crow; 학명 : Corvus corone)는 척색동물문 조강류 참새목 까마귀과에 속하는 새로서, 한국·영국·서유럽·동부 시베리아·캄차카반도·중국·일본 등 유라시아 전역에 분포한다. 또 까마귀는 갈색 반점이 있는 알을 5개 정도 낳으며, 부리는 비교적 가늘며 윗부리가 약간 굽었다.

깊은 산의 침엽수나 상록수에 둥지를 튼다. 또 까마귀는 몸 전체가 주로 흑색이지만 보라색 또는 청색의 광택이 나며, 잡식성으로 동물 사체나 음식물 찌꺼기를 가리지 않지만 주로 곤충을 잡아먹는다.

寓居가 있는 비단가람(금강) 변 현허동천(鉉淊洞天)에는 새들이 참 많다.

강가라서 물고기도 풍부하고, 그곳 농민들이 추수할 때 낱알을 많이 흘려 놔 새들에게는 천국과 같은 곳이다. 그래서 까치는 계속 개체수를 늘려가더니 이곳을 지배하는 조류로 자리매김하고 있다.

때로는 까치들과 까마귀가 공중전을 벌린다. 후자에 앉아 조용히 사색에 잠겨 있노라면 까치란 놈이 요란스럽게 짖어댄다. 눈을 떠 보니 여러 마리 까치들이 한 마리 까마귀를 공격하고 있다. 까치들이 떼로 달려들어 까마귀를 물고 쪼아대는데 여간 격렬하지 않다.

여기에는 까마귀도 한 쌍 사는데, 까치들은 까마귀가 한 마리만 있는 틈을 타 싸움을 건다. 상대방이 약해졌을 때 공격하는 것이 마치 까치들도 손오병법을 아는 것 같다. 여럿이서 동시에 또는 순차적으로 공격 해대면 덩치 큰 까마귀도 어쩌지 못하고 빠진 깃털을 팽개친 채 도망을 친다. 그러면 승리감에 도취된 양 까치들은 깍깍대며 하늘을

누빈다.

  마당가에 전통양식의 정자를 짓고 심우정(尋牛亭)이라 이름 지었다.
  '尋牛'는 문자 그대로 소를 찾는다는 뜻인데, 법원관리관 등으로 법원에서 35년 넘게 근무하였고, 법학박사학위를 취득하였을 뿐만 아니라 여러 해 동안 대학에서 강의를 했지만 무엇이 진리인지 아직도 모르겠으므로 이를 찾아보자는 뜻이었다. 사찰 벽에는 '심우도(尋牛圖)'라는 단청화가 있다. 이는 진리를 찾는 과정을 소에 빗대어 그린 것으로, 참다운 진리를 찾는 것이 마치 도망갔던 소를 길들여 타고 오는 것처럼 어렵다는 것이리라.
  우거는 금강변인 옥천군 청성면 합금리에 있다. 이곳은 금강본류가 C자 형으로 흐르는데 산릉들이 마을을 둘러싸고 둥그렇게 꽃잎처럼 솟아 마치 연밥에 앉아 있는 듯 아늑할 뿐만 아니라 강변에는 풀이 무성해 가축을 기르기가 좋아 소를 기르는 목장이 강변 윗마을과 아랫마을 앞 강가에 있었는데, 사람들은 마을이름으로 '위 쇠 뜰', '아래 쇠 뜰'이라 불렀다고 한다. 마을입구 장승 옆에 있는 유래비를 보면, 합금리라 지은 것이 일제 때였다고 한다. 우리글을 말살시키고 일본식으로 마을이름을 바꾸면서 일본인 면서기가 소를 지칭하는 '쇠'를 무쇠로 오석(誤釋)해 쇠

'金' 자와 위아래 마을을 합쳤다는 뜻으로 합금리라 했다고 한다. 우리말에는 쇠뿔, 쇠고기처럼 소(牛)를 일컫는 말 중에 '쇠' 라고 하는 말이 있다. 원래 이름처럼 '위 쇠 뜰', '아래 쇠 뜰' 마을이라 부르는 것이 타당하지만 이왕에 한문화 하려면 '합우리(合牛里)' 라고 했어야 옳다. 참 무식한 일본인이었던 것 같다. 아무튼 이 같은 연유로 정자 이름에 소 '牛' 자를 넣어 심우정(尋牛亭)이라 지었던 것이다.

또 울타리에는 '솟대' 를 여러 개 만들어 세웠다. 버려진 나뭇가지들을 주어다 솟대를 깎아 마당 가장자리를 따라 죽 세운 것이다. 솟대는 장대에 삼족오(三足烏) 형상을 만들어 꽂아 놓은 곳을 말하는데, 아무리 큰 죄를 지은 자라도 이곳으로 도망하면 잡지 않았다는 삼한시대의 전통이다. 조각가인 내가 솟대를 만드는 거야 쉽지만 이 같은 전통성 때문에 정성을 다해 만들어 세웠던 것이다.

이곳에는 친구들이 늘 놀러 온다.

벗들 중에는 총을 잘 쏘는 친구가 있는데, 그는 가끔 술 한 잔 하자며 사냥한 꿩이나 산토끼, 또는 멧돼지고기를 들고 온다. 그 친구가 집 앞 전봇대 꼭대기에 있는 까치집을 보더니 '이런 것은 바로 연락해야 한다.' 며 한전에 신고했다. 전봇대에 감겨진 양철판 위 전화번호로, 기호와 숫자를 불러주며 위치를 가르쳐 준 것이다. 까치집을 없앤 뒤 까치들은 기가 죽고, 놀림을 당하던 까마귀가 기를 펴 날고 있다.

 어딘가요?/ 현허동천鉉諞洞天/ 소가는 땀 진 농부/ 비단가람 외길 밟다/ 쇠 뜰 말 심우정에/ 저녁놀/ 저리 타 까니/ 대금소리 닉겠구려!

 정자에는 박새들도 둥지를 틀었다. 기왓장 틈 사이로 들락거리는 것이 여간 귀엽지 않다.[2] 또 강 건너 골짜기 중턱에는 학(鶴)들이 무리지어 둥지를 틀고 여름을 난다. 학은 강변 자갈밭에 서서 물끄러미 강물을 들여다보다가 잽싸게 물고기를 잡아 먹는다. 물에는 쏘가리 · 송사리 · 누치 · 피라미 · 미꾸라지 · 다슬기 등이 물 반, 고기 반으로 많다.
 학들이 그 큰 날개를 퍼덕이며 강가 숲 앞을 너울너울 날 제면 마치 선경에 있는 것 같다. 이에 젓대(大笒)라도 한 곡조 깔면 …
 봄에는 매화꽃이 흐드러진다. 강변도로를 따라 가로수

---

[2] 집주변 새들 얘기를 하던 중 셋째 형님이 새들과 사귀어 보라고 하신다. 모이를 주면서 부르면 새들이 처음에는 멀리서 눈치보며 모이를 쪼아 먹지만, 차츰 손바닥 위까지 올라온다고 하시며, 여유를 갖고 시도해 보라신다.

인 매화나무가 끝없이 이어지고, 꽃잎은 바람에 하염없이 날고 또 난다. 또 안개가 누리를 덮은 어스름한 달밤이면, 흰 눈이 내린 것인양 과수원 배꽃이 달빛에 녹아든다.

…(상략)桃花流水杳然去(도화유수묘연거) 복사꽃 강물 따라 천천히 흘러가니/ 別有天地非人間(별유천지비인간) 이곳은 별천지리니 인간세상이 아니지요!3)

선경(仙境)이란 말이 나왔으니 말이지만, 시리도록 시원 상큼한 공기가 흐르는 이곳의 풍광은 참으로 수려하다. 봉긋봉긋 솟은 봉우리들이 강물에 비치는 모습은 풍경화 그 자체다. 봄 안개 이는 산릉에 휘파람새가 호로롱거리며 울 제면 메말랐던 대지가 기지개를 켠다. 산수유가 피기 시작하여 덩달아 미선나무도 꽃눈을 튼다. 산골짜기가 연두색으로 변하면서 연분홍 진달래, 하얀 산 벚꽃이 점을 찍고, 강변에는 샛노란 개나리가 강물에 어린다. 맷꿩도 어디엔가 알을 낳더니 꿩꿩 울며 계절을 재촉한다

---

3) 李太白의 시 七言絶句 山中問答 - 問余何事棲碧山(문여하사서벽산) 뭣 때문에 산 속에 파묻혀 사느냐고요?/ 笑而不答心自閑(소이부답심자한) 대답 없이 웃기만 하나 내 마음 한가롭네!/ 桃花流水杳然去(도화유수묘연거) 복사꽃 강물 따라 아득하게 흘러가니/ 別有天地非人間(별유천지비인간) 이곳은 인간세상이 아닌 별천지리니!

지난주말 그곳에 갔더니 홍매화가 피는 중이었다. 예부터 집 안에 매화를 심으면 지조 높은 선비가 나온다고 했을 뿐만 아니라, 옥천군에서 그곳을 유원지로 조성하면서 가로수로 매화나무를 심었는데, 이 매화가 백화 내지는 연분홍이라서 보색대비로 정자 옆에는 홍매화를 심었던 것이다. 아버님 기일 파젯날, 시간이 나 막 피고 있는 홍매화 옆으로 갔다. 잔디에 누워 하염없이 매화꽃 버는 모습을 지켜본 것이다. 처음에는 여섯 송이가 피었더니 일어날 때쯤에는 서른 두 송이나 벌었다.

이곳에 농가주택(Multi Habitation)을 마련한 것은 스트레스 꽉꽉 받는 도시일상과 사람들의 틈을 벗어나 주말만이라도 텃밭을 일구며, 젓대를 마음대로 불고 조각이나 하자는 뜻이었다. 그래서 마당에 황금회화나무와 사군자인 매화·춘란·황국·구갑죽(龜甲竹)을 심고 온갖 기화이초도 심었다.

사시사철 꽃이 피고 열매가 열리는 것을 볼 수 있도록 동백·영산홍·향정목·함박꽃·허브·공작선인장·고려담쟁이·금강초롱·금낭화·목단·백송·금송·황금송·미모사(신경초)·작약·어름·개량대추·머루포도·미선나무·명자나무(매조)·앵두·사과·복숭아·자두·오가피·석류·오죽·용죽·살구·치자·남천·용담·제라늄·장미·단풍 등을 구해 심었고 집주변에는 금잔화·금송화·봉숭아·맨드라미·나팔꽃·팬지·접시꽃·패랭이꽃·채송화·코스모스 등도 씨 뿌렸다.

꾀꼬리가 울다 보면 어느 새 계절이 바뀐다.

여름 골짜기 수풀에서는 지난봄 태어난 노루새끼 울음소리가 암록색 짙은 녹음 속에 구르고, 밤이면 소쩍새 울음소리가 애간장을 녹인다. 도시에서는 볼 수 없는 반딧불도 지천으로 이리 날고 저리 날며 여기저기에서 여름을 먹고…

가을에는 잘 익은 단감이 빨간 마당 너머 물감을 푼 듯 오색단풍이 산수화를 그리고, 겨울에는 동백꽃, 포인세티아 훔쳐보는 외로운 앞산 자락 앙상한 줄기 뒤로 백설이 쌓여 묵화를 친다.

한유로운 시간이다. 벗과 정자 위 버드나무 그대로 툭 쪼개 만든 상 앞에 마주 앉는다. 느긋이 대금을 든다. 요천순일지곡(堯天舜日之曲)을 아뢴다. 친구는 지그시 눈을 감는다. 기인 청성곡이 끝나 젓대를 내려놓는다. 친구는 들고 있던 술잔을 주욱 마신다.

兩人對酌山花開(양인대작산화개) 벗과 마주 앉아 술을 마시는데 산에 꽃이 피었다./ 一杯一杯復一杯(일배일배부

일배) 한 잔 한 잔 또 한 잔…(하략)[4]

산야는 석양에 물들고, 바람에 꽃잎은 하염없이 날고 또 날고….

친구 한 잔 나 한 잔… 풍광에 젖다보면 뉘엿뉘엿 날이 저물고, 풀벌레 소리, 풍경소리가 졸리운 들판에 가득하면, 어느 새 달은 산릉을 따라 구름 속으로 가고….

왜/ 여기 사시나요?/ 해맑은 눈 고운 얼굴/ 눈 드니/ 푸름 짙은 산/ 강 위엔 백학 날고/ 글쎄요!/ 나도 몰라요/ 생각나면 대답하죠!

— 시조 「초막에서」 전문

멀리 배나무 밭에서 컹컹 커어엉 …
누렁이가 달을 물고 짖고 있다.

---

[4] 이 칠언절구는 李白의 山中餘裕人對酌 중 "兩人對酌山花開(양인대작산화개) 둘이서 마주앉아 술을 마시니 산꽃이 피었고/一杯一杯復一杯(일배일배부일배) 한 잔 한 잔 또 한 잔 기울이며 끝없이 마시네/我醉欲眠卿且去(아취욕면경차거) 난 취하여 자려하니 자넨 갔다가/明朝有意抱琴來(명조유의포금래) 내일 아침 생각나면 거문고를 안고 오게나!"의 일부다.